Aprender Português com Poesia

Learn Portuguese with Poetry

RF

ISBN: 9798354119578

DEDICATÓRIA
DEDICATION

À Melissa e ao James
To Melissa and James

SOBRE A AUTORA

Rita Faria, nascida em Guimarães a 15.02.1987, é licenciada em Filosofia e mestre em Tradução e Comunicação Multilingue, ambos pela Universidade do Minho. É tradutora e leciona Português como Língua Estrangeira online a adultos e foi docente na *Volkshochschule München* (Escola Superior Aberta em Munique), tendo sido vencedora do Prémio de Mérito em 2019 pela Associação de Profissionais de Tradução e de Interpretação (APTRAD).

Co-fundadora da página www.portuguesefromportugal.com, plataforma que visa apoiar todos(as) aquele(as) que pretendam aprender português ou que já se encontrem a aprender português.

O gosto pela poesia surgiu desde cedo no seio familiar e é transversal a toda a sua carreira, nomeadamente na vertente de ensino, onde cria poesia para ensinar temáticas específicas, como é o caso, por exemplo, do poema sobre os números Numeração Criativa.

Este livro é o primeiro livro publicado pela autora e foi escrito para todos/as que pretendem aprender português de uma formal inconvencional.

ABOUT THE AUTHOR

Rita Faria (15.02.1987), born in Guimarães, has Philosophy degree and a Master's degree in Translation, both from the University of Minho, Portugal. She is a translator and teaches Portuguese as a Foreign Language for adults online and she was teacher at the Volkshochschule München (Vocational School in Munich). Winner of the 2019 merit award from the Association of Professionals in Translation and Interpretation (APTRAD).

Co-founder of the webpage www.portuguesefromportugal.com - platform that was created to support all of those who want start to learn Portuguese or who is already learning Portuguese.

The interest in poetry emerged from an early age and it has influenced all stages of her career, especially as a teacher, with the creation of poetry to teach specific themes, like the poem about numbers *Creative Numeration*.

This book is the first published book by the author, and it is written for people who wish to learn the Portuguese language through unconventional means.

AGRADECIMENTOS

Os meus sinceros agradecimentos a todos(as) os(as) meus(minhas) estudantes da Volkshochschule München e às minhas alunas das aulas privadas pela inspiração na criação de alguns dos conteúdos deste livro. Um muito obrigado também à minha colega e amiga Glória por toda a sua ajuda e apoio. Um enorme agradecimento ainda à minha aluna Fabienne Kapfinger pela maravilhosa capa e à minha fotógrafa e amiga Huifang Luo pela imagem de autora.

ACKNOWLEDGMENTS

My sincere thanks to all my students at Volkshochschule München and my students from private classes for inspiring me to create some of the contents of this book. An enormous thanks as well to my colleague and friend Glória for all her help and support. A big thanks also to my student Fabienne Kapfinger for the wonderful cover and to my photographer and friend Huifang Luo for the author's photo.

PREFÁCIO

Quando uma professora escreve no quadro pequenos apontamentos, de forma a explicar aos(às) seus(suas) estudantes um determinado assunto, basicamente, o que está a fazer é materializar os seus pensamentos num pedaço de ardósia. Pois bem, analogamente, aquilo que é pretendido com esta coletânea de poemas é materializar a experiência da autora, nos diversos locais onde esta viveu, em forma de versos, no sentido de auxiliar todos(as) que estejam a aprender português ou que o queiram fazer.

É verdade que vivemos tempos atípicos e que o contacto inter-humano tem vindo a diminuir. Mas também é verdade que o contacto humano nos inspira, nos traz matéria-prima emocional, com o qual podemos converter em palavras e com as mesmas transmitir conhecimentos e elucidar o nosso amor. Assim, muitos destes poemas são inspirados nas pessoas que a autora encontrou ao longo do seu trajeto, conjugado pelo interesse na criação de materiais para todos(as) as aqueles(as) que pretendiam conhecer a língua e a cultura portuguesa. É também o amor pelos seus entes queridos que a guia nesta construção criativa.

Todos os poemas estão expressos em forma de rima livre, sem nenhuma métrica clássica, mas com um conteúdo profundo de quem viveu diversos acontecimentos neste cosmos da Europa. Estes encontram-se divididos por locais que enriqueceram a autora como pessoa: o primeiro deles foi Barcelona, o qual foi entitulado de Reino da Alegria. Ali, ainda como estudante de Filosofia e em plena juventude, teve a oportunidade de se distanciar pela primeira vez da sua terra natal e da sua mãe. Foi um choque existencial tremendo, mas hoje em dia, com o devido distanciamento temporal, a autora reconhece que foi aí que cresceu e provou o gosto pela sua independência.

No mesmo ano partiu para Londres, com o intuito de melhorar as suas capacidades na língua inglesa, língua essa que sempre foi o seu calcanhar de Aquiles. Com o título O Centro do Meu Mundo, Londres corresponde à segunda parte deste trabalho.

Na dicotomia entre as dificuldades diárias e a energia positiva desta cidade, ela viveu momentos aos quais foi necessária uma resiliência indelével, mas que no final viriam a reforçar as suas características pessoais e profissionais e a desenvolver outras que a ajudaram a compreender melhor o mundo e as circunstâncias de cada um que a rodeia. Ali, conheceu o verdadeiro amor. Aquele que lhe acalma o coração e lhe sossega a alma. Foi devido a esse amor que saiu de Londres para Munique, sendo Munique a última parte da coletânea, denominada Transformação.

Em Munique, já tinha uma certa segurança e à vontade para lidar com o desconhecido, quer em forma de língua, quer em forma de pessoas. Aqui pôde realizar dois sonhos: o de ser mãe e o de dar aulas. Ambos só foram possíveis realizar, na medida em que, manteve uma atitude sempre positiva, transferindo-a para as atividades maternais, relacionais e laborais e, em última instância, para escrever poesia.

Na página seguinte de cada poema, encontramos exercícios focados na parte gramatical e no significado de algumas palavras, tendo no final do livro as respostas corretas. Estes exercícios são seguidos por um glossário com o vocabulário e expressões relevantes para uma compreensão mais ampla dos poemas em português, pois, apesar desta coletânea ser bilingue, a tradução para inglês serve apenas para perceber a ideia geral do que foi poetizado no original, não abarcando o significado total nem a rima em português.

Concluindo, esta obra é da autora mas o conteúdo é de todos(as) que a inspiraram e a glorificaram com as mais diversas formas de ser e de saber. Afinal de contas, no barco da vida, podemos remar em direções opostas mas a corrente empurra-nos sempre para um lugar comum: o da partilha.

<u>RF</u>

PREFACE

When a teacher writes small notes on the board in order to explain a certain subject to her students, basically what she does is materialize her thoughts on a slate. Similarly, what it is intended with this collection of poems is to materialize the experience in different places where the author has lived as a way of helping anyone who is learning Portuguese.

It is true that we are living unusual times and social contact has been decreased. But it is also true that human contact inspires us, brings us emotional material with which we can convert into words to transmit knowledge and to show our love. Thus, many of these poems are inspired by the people the author met along her path and her loved ones, combined with the interest in creating materials for all of those who wanted to learn Portuguese or want to know more about the Portuguese language and culture.

The poems are divided into places that have enriched the author as a person: the first of them was Barcelona, which it is called the *Kingdom of Joy*. There as a student of Philosophy, in her youth, she had the opportunity to move for the first time from her homeland and her mother. It was a tremendous existential shock, but nowadays, with time distance, she recognizes that was what made her grow up and made her try the taste of independence.

In the same year she moved to London, with the aim of improving her skills in the English language, a language that has always been her Achilles heel. London is the second part of this work with the title *The Center of my World*.

In the dichotomy between daily difficulties and the positive energy of the city of London, she lived moments that required resilience, but which in the end would reinforce her personal and professional characteristics and develop others that helped her to a better understanding of the world and the circumstances of everyone around her. There she met the true love. The one which calms her heart and soul. It was because of this love that she left London to Munich. Munich is the last part of the collection, called *Transformation*.

In Munich, she already had a certain security on herself to deal with the unknown, being it in the form of language or people. There she was able to fulfill two dreams: becoming a mother and a teacher. Both were only possible to achieve due to her positive attitude towards all challenges, using these positive energies and transferring them to the maternity, relationships and work activities and ultimately to writing poetry.

On the next page of each poem, we find exercises focused on grammar and the definitions of some words, having the correct answers at the end of the book. Followed by exercises we have a glossary with important vocabulary and expressions to help a better understanding of the poems in Portuguese. Although this collection of poems is bilingual, the translation to English only gives us an idea of what was poetized in the original, not uncovering the full meaning and rhyme in Portuguese.

According to the author, this work is hers, but the content belongs to all of those who inspired and glorified her with the most diverse ways of being and understanding. After all, in the boat of life, we can row in opposite directions, but the waves always push us towards a common place: a sharing place.

<u>RF</u>

12

Reino da Alegria
Kingdom of Joy

Barcelona 2011

13

Sonhos Almejados

De todos os sonhos,
Alguma vez almejados,
Viver em Barcelona,
Foi um dos mais desejados.

Cidade de ânimo escaldante,
Com âmago cosmopolita,
Proporciona o contacto,
E instiga a alegria.

Da Barceloneta à via Laietana,
As atividades emergem,
Como a luz que o sol emana.

Uma descendente lusófona,
Neste emaranhado de emoção,
Traz novas formas de vida,
A uma cidade com história e
dedicação.

The Dream

From all the dreams
I always imagine
To live in Barcelona
Was my greatest intention.

City with a spicy life spirit
Cosmopolitan in its core
Stimulates the interaction
And the joy we all adore.

From the beach to the famous
squares
Social activities emerge
Like sun that shines everywhere.

A Portuguese
In this tangle of emotion
Brings new ways of life
To a city with history and devotion.

Exercícios

1. A que cidade se refere o poema?
    a) Porto
    b) Lisboa
    c) Barcelona
    d) Aveiro

2. Qual é a classe gramatical da palavra *Instiga?*
    a) Substantivo Feminino
    b) Substantivo Masculino
    c) Verbo
    d) Adjetivo

3. O que significa *descendente lusófona*?
    a) Alguém ou algo de língua portuguesa
    b) Alguém ou algo de língua alemã
    c) Alguém ou algo de língua inglesa
    d) Alguém ou algo de língua chinesa

4. A palavra *dedicação* é...
    a) Feminina Singular
    b) Masculina Singular
    c) Feminina Plural
    d) Masculina Plural

Glossário

Almejados (Adj.)	Algo que se pretende alcançar ou conseguir
Âmago (Subs. Masc.)	Parte mais importante ou principal de alguma coisa
Emergir (Verb.)	Atividade que aparece
Emanar (Verb.)	Espalhar em pequenas partes
Emaranhado de emoção	Mistura confusa de emoções

Uma filosofia de Estudante

Chegada a um mundo novo,
Outrora por Colombo visitado,
Fez emergir uma forma de aprender,
Sem olvidar o método já
arrecadado.

Aprendizagem além fronteira,
Proliferou um novo conhecimento,
Pelo uso de novas teses,
Mas com polido discernimento.

Ser um buscador de saber,
Numa terra de ativa história,
Faz perpetuar a qualidade do
conteúdo,
Aumentando a sublime memória.

No jogo da retrospetiva,
Que a saudade nos traz,
Ficam as alegrias,
De uma cidade fugaz!

A Philosophy of a Student

Arrived in a new world,
Where Columbus left his marks.
Rose a different way of learning,
Without forgetting the previous
parts.

Learning across borders,
New knowledge led to
development.
Applying new skills,
With polished discernment.

Being a seeker of knowledge,
In a land full of history.
It perpetuates the quality of the
content,
Boosting sublime memory.

In the retrospective game,
That the longing brings us.
The joys remain,
From a fleeting city!

Exercícios

1. A que figura histórica se refere o poema?
   a) Gago Coutinho
   b) Luiz Vaz de Camões
   c) Fernão Mendes Pinto
   d) Cristóvão Columbo

2. Qual é a classe gramatical da palavra *Método ?*
   a) Substantivo Feminino
   b) Substantivo Masculino
   c) Verbo
   d) Adjetivo

3. O que significa *buscador de saber*?
   a) Alguém que procura novo conhecimento
   b) Alguém que gosta de comer bem
   c) Alguém que adora Portugal
   d) Alguém que admira a língua portuguesa

4. O verbo *traz* está na...
   a) Primeira pessoa do singular
   b) Terceira pessoa do singular
   c) Segunda pessoa do singular
   d) Primeira pessoa do plural

Glossário

Outrora (Adv.)	Em tempos antigos, no passado
Arrecadado (Adj.)	Algo que foi guardado ou recolhido
Proliferou (Verb.)	Alguma coisa que se multiplicou rapidamente
Saudade (Subs. Fem)	Lembrança da ausência de uma pessoa ou de um momento passado

O Centro do Meu Mundo
The Center of My World

Londres 2012
London 2012

19

Um Novo Ser

Oh Londres, lugar da Sua
Majestade!
Deste-me o amor da minha vida,
E uma nova agilidade.

Aqui me vi crescer
Como ser humano do mundo,
Mas sem nunca imaginar
Que ali encontraria o meu porto
seguro.

Sítio de descobertas
Local de valores multiculturais,
Fez de mim uma menina feliz,
Com acontecimentos surreais.

Embebida por um esforço
Que contemplou a minha
adaptação,
Demonstrei uma lusa coragem,
De resiliência e cogitação.

Resta-me agradecer
Aos que nesta terra encontrei,
Com destaque ao homem da
Oceânia
Pois por ele sempre esperei.

A New Being

Oh London, the High Majesty land!
You gave the love of my life
And a new understand.

Here I saw myself growing
As a human being of everywhere
But I have never imagined
That there I would find my pair.

Place of discoveries
With multicultural interactions
Made me a happy person
Flourished in amazing actions.

Fulfilled of effort
Which an adaptation requires
I showed a lusa courage
of persistence and contemplation.

For those who I met on this place
My warm thanks
Especially to the Aussie Man
Whose I always have waited.

Exercícios

1. A que figura histórica se refere poema?
   a) Isabel III
   b) Mary II
   c) Letizia I
   d) Isabel II

2. Qual é a classe gramatical da palavra *Mundo* ?
   a) Substantivo Feminino
   b) Substantivo Masculino
   c) Verbo
   d) Adjetivo

3. O que significa *Lusa*?
   a) Diz-se de alguém ou algo chinês
   b) Diz-se de alguém ou algo holandês
   c) Diz-se de alguém ou algo francês
   d) Diz-se de alguém ou algo português

4. O plural de *Homem* é...
   a) Homens
   b) Homems
   c) Homans
   d) Homams

Glossário

Agilidade (Subs. Fem.)	Capacidade de fazer movimentos rápidos e ligeiros
Porto Seguro (Fig.)	Alguém ou local que nos proporciona conforto
Embebida (Adj.)	Centrado em ou absorvido por algo
Contemplou (Verb.)	Fixou o olhar em alguém ou algo, admiração
Resiliência (Subs. Fem)	Capacidade de enfrentar e superar adversidades

Alteza Experiencial

A nobreza de viver,
Numa cidade de tradição,
Enaltece a nossa alma.
Enriquecendo o nosso coração.

Experiências dolorosas,
Conjugadas com emoção,
Transformam o éthos.
Melhorando a ofuscada atenção.

Na lei do eterno coexistir,
Fomentamos amor ao próximo,
Como prática na vida,
Vivendo-a ao máximo.

Noble Experience

City full of tradition,
Noble in its roots,
Enriches our soul,
Leading the heart,
Widespread its fruits.

Painful experiences,
Combined with emotion,
Changing our being,
And improving an unclear notion.

Fostering love for others,
As an eternal law,
Living it to the fullest,
Without closing any door.

Exercícios

1. A que verbo pertence o adjetivo *Existencial?*
    a) Exprimir
    b) Extrair
    c) Excusar
    d) Existir

2. *Numa* é a contracção da preposição de...
    a) Em e do artigo uma
    b) Em e do artigo um
    c) Em e do artigo a
    d) Em e do artigo o

3. Qual é o sinónimo de *Nobreza* presente no poema?
    a) Tradição
    b) Alma
    c) Coração
    d) Alteza

4. *Amor ao Próximo* é...
    a) Ajudar-se a si mesmo
    b) Ajudar o outro
    c) Ser egoísta
    d) Ser antipático

Glossário

Enaltece (Verb.)	Tornar mais elevadas as características de alguém ou de algum acontecimento
Enriquecendo (Verb.)	Aumentar o valor ou a qualidade de alguém ou de algo
Ofuscada (Adj.)	Que se tornou pouco evidente ou perturbada
Fomentamos (Verb.)	Estimular uma ação

Transformação
Transformation

Munique 2014
Munich 2014

25

Ser Português

Ser português é viver,
Com a saudade latente no peito,
Por um passado histórico grandioso,
Que nos faz orgulhar e encher de
respeito.

Ser português é sofrer,
Com pequenas coisas e expressar-se
de forma exagerada.
É o dramatizar das coisas simples da
vida,
E vivermos intensamente com a
pessoa amada.

Ser português é vibrar, acreditar,
gritar.
É ser campeão no mundo das
vivências,
Carregando um *campeonismo*,
Que a genética coletiva introduziu
sem contingências.

To Be Portuguese

To be Portuguese is living
With emotion beating in the chest,
Due to the great historical past,
Making us proud and full of respect.

To be Portuguese is to suffer
With little things,
Express yourself with exaggeration.
It's dramatizing the simple things in
life,
And live intensely with the loved
ones.

To be Portuguese is to vibrate, to
believe...
It's being a champion in the world
of experiences
That collective genetics introduced
with contingencies.

Exercícios

1. A que substantivo pertence o adjetivo *Amada*?
   a) Amor
   b) Amador
   c) Amigo
   d) Amora

2. Qual é a classe gramatical de *Sofrer?*
   a) Verbo
   b) Adjetivo
   c) Nome Próprio
   d) Advérbio

3. Qual é o antónimo de *Simples?*
   a) Lento
   b) Rápido
   c) Fácil
   d) Difícil

4. *É* vem de que verbo...
   a) Perder
   b) Fazer
   c) Ser
   d) Estar

Glossário

Latente (Adj.)	Algo que está presente de maneira contida e invisível
Orgulhar (Verb.)	Fazer com que haja orgulho ou possuir um sentimento de orgulho por alguém ou por um acontecimento realizado
Campeonismo (neologismo)	Aquele(a) que é campeão/campeã
Contingências (Subs. Fem.)	Algo que não se consegue controlar

De Viseu a Munique - uma Amizade Vima- Beirã

Ela chegou com um ar de incerteza.
Mas depressa demonstrou,
Uma tamanha beleza.

Com muita sensibilidade,
E um jeito engraçado.
Conquistou corações,
Num estilo safado.

Se há pessoa da Beira,
Que me fez gargalhar.
É esta jovem menina,
Que muito tem para contar.

Em Munique despoletou,
Uma amizade Vima-Beirã.
Ela é divertida e doce como a romã.

De Viseu to Munich - a Vima- Beirã Friendship

She arrived with an uncertainty way
But soon she showed
An enormous beauty.

Her sensibility and funny manner
Conquer many hearts
Having an eye like a scanner.

There is no other of Beira
That makes me laugh
Like this cute lady
That has a lot to converse.

In Munich emerged
A friendship Vima-Beira
And it's ending never urges.

Exercícios

1. A que cidade portuguesa se refere o poema?
    a) Porto
    b) Lisboa
    c) Faro
    d) Viseu

2. A que classe gramatical pertence a palavra *Contar?*
    a) Substantivo Feminino
    b) Substantivo Masculino
    c) Adjetivo
    d) Verbo

3. O que significa *safado*?
    a) Travesso
    b) Tímido
    c) Moderado
    d) Modesto

4. *Fez* vem do verbo...
    a) Falar
    b) Falsear
    c) Fazer
    d) Ferver

Glossário

Vima-Beirã (Adj.)	"Vima" vem de vimaranense, e refere-se a uma pessoa que nasceu em Guimarães. "Beirã" refere-se a uma pessoa que nasceu na região da Beira Alta, neste caso em Viseu
Incerteza (Subs. Fem.)	Algo que é duvidoso ou que nos causa indecisão
Jeito engraçado	Modo divertido
Despoletou (Verb.)	Fazer surgir repentinamente

Numeração Criativa

Tenho 0 vontade de ir
2 segredos para contar
3 formas de dizer
E 4 maneiras de amar

Com 5 tenho a mão-cheia
Para 6, 1 é preciso adicionar
7 são os dias da semana
Mas às vezes 8 tenho de trabalhar

9 é fácil de escrever
10 difícil de explicar
O 11 aprendemos de seguida
Para 12 acrescentar

Dizem que o 13 dá azar
A quem 14 não tem
15 vem ajudar
O 16 a se mostrar

Em 17 horas do dia
18 coisas podemos fazer
Mas com 19 minutos por ano
Menos de 20 conseguimos aprender

Creative Counting

I have 0 will to go
2 secrets to tell
3 ways to say
and 4 to spell

With 5 I have a full hand
To count 6, 1 I must add
7 are the days of the week
But sometimes have 8 to seek

9 is easy to write
10 difficult to explain
11 we learn after
On 12 to convey

Some say 13 is bad luck
To those who 14 doesn't have
15 come in handy
Making 16 to show

On 17 hours of the day
18 things we may reach
With 19 minutes per year
At least 20 we can teach

Exercícios

1. O que significa *ter de*?
    a) Não querer fazer alguma coisa
    b) Pedir para fazer alguma coisa
    c) Querer ou poder de fazer alguma coisa
    d) Obrigação ou necessidade de fazer alguma coisa

2. Como se escreve *12* por extenso?
    a) Nove
    b) Dez
    c) Onze
    d) Doze

3. Qual é o antónimo de *Facíl* presente no poema?
    a) Fazer
    b) Azar
    c) Difícil
    d) Vontade

4. *Explicar* está no...
    a) Subjuntivo
    b) Condicional
    c) Conjuntivo
    d) Infinitivo

Glossário

Dá azar	Causar maus resultados
Se mostrar (Verb.)	Manifestar-se perante alguém
Mão-cheia	Aquilo que cabe numa mão
Dias da semana	Domingo, segunda-feira, terça-feira, quarta-feira, quinta-feira, sexta-feira, sábado

Mãe do Docinho de Mel

Ser mãe de um docinho
Requer muita atenção.
Porque o docinho altera o ânimo,
Mas preenche o coração.

Docinhos há muitos
Mas o de Mel é especial,
Nestes habitam a doçura
E uma malandrice sem igual.

Com o docinho de Mel renasci,
E me vi transformar.
Nem sempre com grandeza.
Mas com enorme saudar.

Mother of a Sweet

Being a mother of a sweet
Requires a lot of attention.
The sweet changes the spirit
But fulfil the comprehension.

There are sweets of many types
But Honey is the best.
Have a special aroma
And it's distinctive from the rest.

With my Honey I reborn
And I experienced a change.
Not always for good
But with a perfect mood.

Exercícios

1. Qual é o plural da palavra *mãe*?
    a) Maeís
    b) Maís
    c) Mãos
    d) Mães

2. Na frase *Docinhos há muitos* o que significa *há?*
    a) Considerar
    b) Acontecer
    c) Ter
    d) Existir

3. Qual é o sinónimo de *altera* presente no poema?
    a) Sempre
    b) Preenche
    c) Transforma
    d) Enorme

4. A palavra *coração* é ...
    a) Advérbio
    b) Verbo
    c) Substantivo Masculino
    d) Substantivo Feminino

Glossário

Requer (Verb.)	Algo pedido ou necessário
Ânimo (Subs. Masc.)	Que diz respeito ao temperamento
Malandrice (Subs. Fem.)	Qualidade de quem é brincalhão
Saudar (Verb.)	Ação de cumprimentar ou louvar

A Beleza do 34

Há números que significam
momentos
E outros que nos trazem emoção.
Mas todos eles são contados,
Com a mesma alegria e imaginação.

Os pares parecem perfeitos
Os ímpares em permanente
mutação.
Hoje é o 34 que completo,
De maneira feliz e com enorme
comoção.

O 34 tem contornos de beleza
E é ele que me apraz dissertar.
Nesta travessia numérica,
Da dicotomia da tempestade e do
bem-estar.

Oh 34 redondo!
Que somado dá ímpar.
Mas no meio do cálculo,
Não desisto de amar.

Beauty of the 34

Some numbers are moments
And some bring emotion.
But they all are perceived,
With the same happiness and
imagination.

The even numbers seem perfect
The odds in permanent mutation.
Today is the 34 that I celebrate,
With joy and enormous commotion.

The 34 has beauty nuances
And I am here to enunciate.
In this numbers path,
Between love and debate.

Oh 34 round number!
Added is an odd.
In the middle of the calculation
I will arrive my destination.

Exercícios

1. Qual é o plural da palavra *mesmo*?
   a) Masmos
   b) Mesmes
   c) Mesmas
   d) Mesmos

2. *Não desisto* significa...
   a) Não trabalhar com algo ou alguém
   b) Não olhar para algo ou alguém
   c) Não renunciar a algo ou alguém
   d) Não falar com algo ou alguém

3. Qual é o sinónimo de *alegria* presente no poema?
   a) Somado
   b) Tempestade
   c) Travessia
   d) Feliz

4. A palavra *tempestade* é ...
   a) Advérbio
   b) Verbo
   c) Substantivo Masculino
   d) Substantivo Feminino

Glossário

Números pares e ímpares	Pares são aqueles terminados em 0, 2, 4, 6 ou 8. Ímpares são terminados em 1, 3, 5, 7 ou 9.
Comoção (Subs. Fem.)	Sensação de carinho ou enternecimento
Apraz (Verb.)	Dá a sensação de contentamento

A Despedida	**The Farewell**

A vida é uma constante
Cheia de alegria e emotividade.
Ela traz-nos momentos felizes
Juntando amigas de verdade.

Na despedida recordamos
As histórias entre nós vividas,
Mas estas não serão as últimas
Pois a vida nunca se fecha às
partidas.

Com estas palavras expressamos
O privilégio de te conhecer,
Esperando calorosamente
Que em breve te possamos ver.

Life is a change
Full of joy and emotions.
It gives us happy moments,
Gathering friends full of devotion.

In a farewell we revive
The stories that we lived.
Knowing those will not be the last
Because life never closes doors from
the past.

With these words we want to
express,
The privilege that was meeting you.
Hoping with the heart full
We will see any time soon.

Exercícios

1. *Na* é...
    a) contração da preposição em e do artigo um
    b) contração da preposição de e do artigo uma
    c) contração da preposição em e do artigo a
    d) contração da preposição de e do artigo a

2. O verbo *recordamos* está na
    a) Primeira pessoa do singular
    b) Segunda pessoa do singular
    c) Terceira pessoa do plural
    d) Primeira pessoa do plural

3. Qual é o antónimo de *cheia?*
    a) Vazia
    b) Nada
    c) Todo
    d) Metade

4. Qual é o infinitivo do verbo *possamos?*
    a) Postar
    b) Postular
    c) Ponderar
    d) Poder

Glossário

Constante (Adj.)   Algo que não se altera

Privilégio (Subs. Masc.)   Sorte

Em breve   Dentro de pouco tempo

<table>
<tr><td>

Todos os Meses são a Valer

Há meses que crescemos as duas
Outros que a vejo crescer,
Mas em ambos os casos
Todos os meses são a valer!

Há meses que tropeço
E que só ela me consegue erguer,
Mas em ambas as situações
Todos os meses são a valer!

Há meses que caminha
Outros que me faz correr,
Mas em ambos os casos
Todos os meses são a valer!

Há meses que se expressa
E que só ela me incita a escrever,
Mas em ambas as situações
Todos os meses são a valer!

Todos os meses são mágicos
Para te ver crescer.
A nosso caminho juntas será longo
E nunca irá desvanecer!

</td><td>

All Months are Worth!

There are months we both grow
Others I see her developing
But in both events
All months are worth!

There are months that I fall
Others just her bring me up
But in both cases
All months are worth!

There are months she walks
Others she makes me run
But in both situations
All months are worth!

There are months she expresses
herself
And she inspired my writing
But in both cases
All months are worth!

All the months are magic
To see you growing
Our walk together will be long
And it will be glowing!

</td></tr>
</table>

Exercícios

1. Qual é o singular de *meses?*
    a) Mêse
    b) Mês
    c) Mese
    d) Mes

2. O verbo *são* está na...
    a) Primeira pessoa do singular
    b) Segunda pessoa do singular
    c) Terceira pessoa do plural
    d) Primeira pessoa do plural

3. Qual é o sinónimo de *casos* presente no poema?
    a) Ambas
    b) Juntas
    c) Mágicos
    d) Situações

4. *Incita a escrever* significa?
    a) Estimula a escrever
    b) Desanima a escrever
    c) Desencoraja a escrever
    d) Desestimula a escrever

Glossário

Ser a valer   Contar ou ter valor

Tropeçar (Verb.)   Cair devido a um obstáculo inesperado

Desvanecer (Verb.)   Fazer desaparecer devagar

A Juventude nos 30

Os 30 é uma idade
Que merece celebração.
Com pompa e circunstância,
E muita exaltação!

Neste dia de alegria
Vamos juntas festejar,
A nossa amizade,
E um belo abraço vamos dar.

Que estes festejos
Perdurem no dia a dia,
Pois uma irmandade como a nossa,
Muito disto merecia.

Para concluir quero-te dizer,
Que por muitos anos que passem
A nossa amizade é sempre a valer!

The Youth of the 30

The 30 is an age
That deserves celebration.
With pomp and circumstance,
And much extension!

On this day of joy
Together we will be.
Celebrating our friendship
And a big hug to give.

These celebrations should go
Throughout our days to come
Because a sisterhood like ours
Its special and fun.

I want to say to you,
That for many years that last,
Our friendship is always worth,
In the future and in the past.

Exercícios

1. Como se escreve 30 por extenso?
   a) Dez
   b) Vinte
   c) Trinta
   d) Quarenta

2. Qual é o artigo definido da palavra *dia*?
   a) Um
   b) Uma
   c) A
   d) O

3. Qual é o sinónimo de *celebração* presente no poema?
   a) Festejos
   b) Juntas
   c) Muitos
   d) Situações

4. *Concluir* significa...
   a) Trabalhar
   b) Começar
   c) Terminar
   d) Intermediar

Glossário

Pompa e circunstância	Evento realizado com grandeza
Exaltação (Subs. Fem.)	Ato realizado com entusiasmo
Amizade (Subs. Fem.)	Sentimento de afeição e simpatia recíprocas entre duas ou mais pessoas

Alemanha de Todos

De todos os lugares
Que a diáspora me ofereceu
Foi na Alemanha onde mais resisti
E o que mais me enobreceu.

A fama das suas gentes
De uma rudez frieza
Ajudou a perceber
Que nela encontramos também leveza.

Oh língua engraçada!
Que coloca o verbo no final
Tendo uma pronúncia áspera
Como um orvalho matinal.

Terra do idealismo
Em que tudo se centra no como fazer,
Deu-me sempre as boas-vindas
Com enorme dever.

Germany for Everyone

From all places
That my foreigner experience
offered
It was in Germany where I more
resisted
and flourished.

Of a harsh coldness
That its people are known
I helped to notice
They can also be warm and slow

Oh interesting language!
Puts the verb at the end
With a bit rush pronunciation
Like walking a cold morning with a
friend

Land of the idealism
Where everything is focus on how
to do
Gave me a warmth welcome
As an enormous must

Exercícios

1. Que país é mencionado no poema?
   a) Espanha
   b) Inglaterra
   c) Alemanha
   d) Portugal

2. O que significa a palavra *fama* presente no poema?
   a) Instrução
   b) Execução
   c) Contradição
   d) Reputação

3. *Dar as boas-vindas* é...
   a) Expressar a desilusão pela chegada de alguém ou de algo
   b) Expressar a tristeza pela chegada de alguém ou de algo
   c) Expressar o medo pela chegada de alguém ou de algo
   d) Expressar o contentamento pela chegada de alguém ou de algo

4. *Coloca* está na...
   a) Segunda pessoa do singular
   b) Terceira pessoa do plural
   c) Terceira pessoa do singular
   d) Primeira pessoa do plural

Glossário

Diáspora (Subs. Fem.)	Dispersão de uma comunidade humana por diversos lugares do mundo.
Enobreceu (Adj.)	Ficar ou se tornar mais belo e formoso
Frieza (Adj.)	Qualidade do que é frio, indiferente e com pouca amabilidade
Orvalho matinal (Fig.)	Frieza

Um Emaranhado Emocional

E num querer que o tempo pare,
ele passa num ápice.
Nesta ânsia de te ter para sempre
pequena,
regando-te de alegria,
vejo o mais belo amor a brotar.

Em todas as tempestades de
emoção,
tento manter uma calma que,
nem sempre é possível manter,
uma destreza que por vezes não
consigo aceder.

Mas neste emaranhado de
sentimentos,
tento colocar à frente aquilo que nos
une:
um amor eterno.

Amor esse que já existia antes de
nasceres,
porque quando queremos algo com
muita vontade,
amamos o projeto antes dele nascer.

Não sei se és a melhor parte de
mim,
porque eu não sei se tenho melhor
parte,
mas és a minha alegria,
a minha paixão e ajudas-me a voltar
à minha essência.

An Emotional Mixture

Wanting the time to stop,
But it goes by like a shooting star.
In this eagerness to have you
forever little,
showering you with joy,
I see the most beautiful love to
sprout.
In all storms of emotions,
I try to keep a calm,
that it is not always possible to keep,
and a skill I sometimes cannot
access.

But in this tangle of feelings
I try to prioritize what hold us
together:
an eternal love.

Love that already existed before
you were born,
because when we want something
firmly,
we love the project before it is born.

I don't know if you're the best part
of me,
because I don't know if I have a
best part,
but you are my joy,
my passion and you help me get
back to my essence.

Exercícios

1. A palavra para *sempre* é um...
    a) Verbo
    b) Advérbio
    c) Adjetivo
    d) Substantivo

2. Qual é o sinónimo de *paixão* presente no poema?
    a) Calma
    b) Vontade
    c) Destreza
    d) Amor

3. *És a melhor parte de mim* significa...
    a) O menos bom que alguém pode ter
    b) O mais triste que alguém pode ter
    c) O mais maravilhoso que alguém pode ter
    d) O pior que alguém pode ter

4. *Ajudas-me* está na...
    a) Segunda pessoa do singular
    b) Terceira pessoa do plural
    c) Terceira pessoa do singular
    d) Primeira pessoa do plural

Glossário

Ápice (Subs. Masc.)	Ação repentina
Brotar (Verb.)	Sair ou rebentar do solo
Destreza (Subs. Fem.)	Habilidade para fazer algo
Amor eterno	Sentimento terno que se dá para sempre
Essência (Subs. Fem.)	Que constitui o ser e a natureza das coisas

O Conflito	**The Conflict**

Na amargura doce da vida
Forças contrárias aparecem,
Mas é na escolha que reside
O resultado que as pessoas
merecem.

In the sweet bitterness of life
Opposing internal forces appear
But it's in the choice that lies
The result that we love or fear

Se a vida fosse feita
Sem declaradas contradições,
O ser humano empobreceria
E seria entregue às emoções.

If life were made
With no contradictions
The human being would be
impoverished
And we would drive only by
emotions

A emoção é um guia
Que a razão não se desfaz
Porque a junção de ambas
É onde a nossa identidade jaz.

The emotion is a guide
That reason does not let go
Because the joining of both
It's how our identities grow

Toda a identidade
Baseia-se no conflito ciente
De que uma emoção forte
Precisa de uma razão paciente.

All the identities
Are based on conscious conflict
That a strong emotion
Needs a patient reason

Exercícios

1. *Reside* vem do verbo...
   a) Rescindir
   b) Resistir
   c) Ressurgir
   d) Residir

2. Qual é o antónimo de *amargura?*
   a) Guia
   b) Resultado
   c) Escolha
   d) Docura

3. Que preposição presente no poema se pronuncia como o número *100?*
   a) A
   b) Sem
   c) Em
   d) De

4. *Precisa de* significa...
   a) Saudade de algo
   b) Necessidade de algo
   c) Tristeza por algo
   d) Amor por algo

Glossário

Reside (Verb.)	Ter o seu fundamento ou ter o seu lugar
Se desfaz (Verb.)	Anular ou acabar com algo
Identidade (Subs. Fem)	Conjunto de características particulares individuais identitárias
Ciente (Adj.)	Estar informado ou ser sabedor de algo

Miminhos para a Mel	**Sweet Treats**
Há miminhos pequenos	There are little treats
Que nos fazem emocionar	That make us impressed
Mas também os há grandes	But there are big ones
Repletos de carinho e bem-estar.	Full of affection and coziness.
Miminhos de coração cheio	Treats from the heart
Recheados de muito amor	Filled with lots of love
Sabem melhor do que chocolate	Tasting better than chocolate
Transportando um sublime calor.	Carrying peace like a dove.
Sendo os miminhos para a Mel	Being the Sweet treats
De trato maravilhoso	Of a wonderful type
Contemplam a alegria	They touch our enjoyment
Merecendo um abraço gostoso.	Deserving a hug without a price

Exercícios

1. *Inho* como na palavra *miminho* indica...
    a) Valor neutral
    b) Valor passivo
    c) Valor aumentativo
    d) Valor diminutivo

2. Em que tempo verbal se encontra o verbo *fazem*?
    a) Pretérito Imperfeito
    b) Pretérito Perfeito
    c) Presente do Indicativo
    d) Futuro

3. *Transportando* do verbo transportar significa...
    a) Fazer de um lugar para o outro
    b) Beber de um lugar para o outro
    c) Comer de um lugar para outro
    d) Levar de um lugar para outro

4. *Gostoso* é um/a ...
    a) Pronome
    b) Adjetivo
    c) Verbo
    d) Preposição

Glossário

Miminhos (Subs. Masc.)	Tratar de forma carinhosa outra pessoa
Repleto (Adj.)	Algo que se encontra cheio
Alegria (Subs. Fem.)	Estar num estado de satisfação ou felicidade
Merecer (Verb.)	Ser digno para receber algo

Ensinar uma Língua

Ensinar uma língua é partilhar uma
visão do mundo.

É criar conteúdos para que os(as)
estudantes possam abraçar e sentir
essa visão, nem que seja de forma
temporal.

É perceber as dificuldades nas
perguntas e minimizá-las com as
respetivas respostas.

É percorrer com o(a) estudante um
caminho de palavras desconhecidas,
tornando-as familiares, através de
uma explicação às vezes complicada
de aceder, outras vezes simples de
alcançar.

Ensinar uma língua é assim trazer à
luz com algum engenho e arte os
significados escondidos entre linhas
e as interpretações variadas.

Teaching a Language

Teaching a language is sharing a
vision of the world.

It is creating content so that
students can embrace and feel this
vision, even if only temporarily.

It is understanding the difficulties in
the questions and minimizing them
with the answers.

It is walking with the student a path
of unknown words, making them
familiar, through an explanation that
sometimes is difficult to access,
other times is simple to reach.

Teaching a language is therefore
shining a light with some expertise
and creativity the meanings hidden
between the lines and from the
varied interpretations.

Exercícios

1. Qual é o órgão do sentido responsável pela visão?
   a) Ouvido
   b) Nariz
   c) Olho
   d) Boca

2. O verbo *perceber* no presente do indicativo, primeira pessoa do plural é...
   a) Percebemos
   b) Percebo
   c) Percebe
   d) Percebes

3. A que se refere o *"as"* de tornando-as..
   a) Aos familiares
   b) Aos estudantes
   c) Às desconhecidas
   d) Às palavras

4. *Trazer à luz* significa...
   a) Mostrar algo fosco
   b) Fazer algo bem
   c) Falar com medo
   d) Mostrar ou tornar evidente uma situação ou emoção

Glossário

Forma (Subs. Fem.)	Modo ou maneira de fazer algo
Percorrer (Verb.)	Passar através de um local
Engenho e Arte	Capacidade inventiva ou talento

Respostas:

Poema *Sonhos Almejados*

1. C

2. C

3. A

4. A

Poema *Uma Filosofia de Estudante*

1. D

2. B

3. A

4. B

Poema *Um Novo Ser*

1. D

2. B

3. D

4. A

Poema *Alteza Experiencial*

1. D

2. A

3. D

4. B

Poema *Ser Português*

1. A

2. A

3. D

4. C

Poema *De Viseu a Munique- Uma amizade Vima-Beirã*

1. D

2. D

3. A

4. C

Poema *Numeração Criativa*

1. D

2. D

3. C

4. D

Poema *Mãe do Docinho de Mel*

1. D

2. D

3. C

4. C

Poema *A Beleza dos 34*

1. D

2. C

3. D

4. D

Poema *A Despedida*

1. C

2. D

3. A

4. D

Poema *Todos os Meses são a Valer*

1. B

2. C

3. D

4. A

Poema *A juventude nos 30*

1. C

2. D

3. A

4. C

Poema *Alemanha de todos*

1. C

2. D

3. D

4. C

Poema *Um Emaranhado Emocional*

1. B

2. D

3. C

4. A

Poema *O Conflito*

1. D

2. D

3. B

4. B

Poema *Miminhos para a Mel*

1. D

2. C

3. D

4. B

55

Poema *Ensinar uma Língua*

1. C

2. A

3. D

4. D

56